AF508602

Palavras de Fé

Um caminho
para te conectar a
Deus

Copyright © 2023 Rafael Henrique dos Santos Lima e RL Produções literárias

Todos os direitos reservados. Nenhuma parte deste livro pode ser reproduzida sob quaisquer meios existentes sem a autorização do autor deste livro.

Para autorizações contate: rafael50001@hotmail.com / rafaelhsts@gmail.com

Sobre o livro

Os poemas deste livro relatam temas relevantes para os cristãos, como fé, esperança, perseverança, superação, adoração, amor, paz, histórias bíblicas, etc.

Muitos dos poemas foram baseados em pregações dos pastores: Joel Osteen e Danilo Montero (Lakewood Church, Houston, Texas), Dante Gebel (River Church, Los Angeles, Califórnia), e Andrea Vargas (Avalanche Missões, Vitória, Espírito Santo, Brasil); e os canais do YouTube: Joyce Meyer Ministries (@joycemeyer) Guided Morning Prayers (@guidedmorningprayers), e Above Inspiration (@aboveinspiration).

Índice

Lutas intermináveis

A caminhada é dura e penosa é a jornada,
Não há descanso, sempre há novas batalhas.
Algumas delas parecem intermináveis,
Algumas delas parecem invencíveis.

Estou lutando dia após dia e nada muda,
Sempre faço o meu melhor e a luta continua.
Essa luta desgasta e drena todas as forças,
Já não vejo a luz, não vejo coisas boas.

Novas dificuldades vêm e a luta não tem fim,
O desespero chega, não posso continuar assim.
Eu choro, me desespero, clamo por ajuda,
Preciso de alguém para me ajudar nessa luta.

Uma pequena luz no fim do túnel é avistada,
Alguém irá me ajudar, a esperança é renovada.
A pessoa se aproxima e estende a sua mão,
As palavras ditas falam direto ao meu coração.

O Senhor veio à minha luta e vai me socorrer,
Ele me dará a força e me ajudará a vencer.
Deus me diz que dias ruins sempre vão existir,
Ele me consola dizendo que sempre estará aqui.

Respiro aliviado, pois sei que não estou sozinho,
Em todas as batalhas o Senhor está comigo.
Enfrentarei todas as lutas com a cabeça erguida,
Com o Senhor ao meu lado, a vitória está garantida.

A grande ameaça

Em todos os momentos devemos ter cuidado,
Por muitas ameaças estamos cercados.
Há muitas coisas que tentam nos atingir,
São muitas situações que podem nos ferir.

Entre todos os perigos, o pior são as cobras,
Elas lançam um terrível veneno com suas palavras.
Suas bocas são uma fonte de maldição,
Suas línguas trabalham para a destruição.

A cobra contamina tudo o que está ao seu redor,
Ela destrói sua vítima levando–a ao chão e ao pó.
A cobra espalha a discórdia, a tristeza e a mentira,
Seu único objetivo é destruir aquela vítima.

Aquele que é atacado vive em grande aflição,
Ele busca socorro, ele precisa de proteção.
Há somente um antídoto para salvar a vítima,
Há somente um Salvador para aquela vida.

Este é o Senhor Deus todo–poderoso,
Ele destruirá a cobra, frustrando o seu esforço.
Tudo o que ela fez será destruído,
Será como se ela nunca houvesse existido.

O Senhor Deus cuidará daquele que foi atacado,
O Senhor o carregará em seus braços.
Deus converterá a sua aflição em felicidade,
O Senhor o levará do desespero à serenidade.

A proteção de Deus estará sobre aquela vida,
Deus a protegerá e ela não será atingida.
Não importa quantas cobras tentem atacar,
Cada uma delas, o Senhor eliminará.

A melhor ajuda

Cada pessoa vive coisas que ninguém pode imaginar,
Cada um tem as suas grandes batalhas para lutar.
E na maioria das vezes, essas batalhas são pesadas,
A pessoa precisa de ajuda para não ser derrotada.

Às vezes, o que mais falta é o apoio emocional,
A pessoa precisa de ajuda para vencer o caos.
Ela pode estar cansada, sem esperança e desanimada,
Pensando que nunca irá vencer a batalha.

Quando vemos alguém assim, só há uma saída,
Só há uma maneira de ajudar àquela vida.
Devemos pedir a ajuda daquele que pode tudo,
Devemos pedir a ajuda do Dono do mundo.

O Senhor está atento à nossa oração,
Se pedirmos, Ele ajudará naquela situação.
Deus iniciará uma transformação naquela vida,
A esperança nascerá como nasce um novo dia.

Deus dará vitalidade àquele que estava cansado,
O Senhor dará ânimo àquele que estava esgotado.
A pessoa ficará maravilhada com sua transformação,
E tudo isso começou com a sua oração.

Nunca duvide do que você pode fazer para ajudar,
Você pode fazer o seu melhor: orar.
Aquele que ouve sua oração é fiel e maravilhoso,
Você estará orando para o Deus todo–poderoso.

A oração

A oração é parte fundamental na vida do cristão,
Para todos os motivos, cada um faz sua oração.
Todos sempre oram pedindo alguma bênção,
E também há orações pedindo perdão.
Não importa o motivo, Deus ouvirá toda oração.

A grande maioria das orações são pedidos pessoais,
Queremos receber de Deus a sua bênção e paz.
Algumas vezes, oramos por nossos entes queridos,
Pelas suas necessidades, oramos e pedimos.

Além destes, há outros que merecem nossa oração,
Todos os que conhecemos merecem nossa atenção.
Devemos orar pelas pessoas que vemos todos os dias,
Devemos pedir a Deus a bênção sobre estas vidas.

Mesmo não sabendo o que cada um está passando,
Deus sabe todas as coisas e lhes estará abençoando.
Nem mesmo precisamos falar sobre nossa oração,
Devemos apenas orar e confiar em Deus e sua ação.

Como cristãos, sabemos que nossa oração é poderosa,
Sabemos que no tempo certo, Deus dará a sua resposta.
Que tenhamos a disposição para continuar orando,
Porque Deus sempre estará nos escutando.

Não existe amanhã

O amanhã é um dia que nunca existirá,
Porque quando chegarmos nele, hoje será.
É uma grande ilusão deixar algo para amanhã,
Não sabemos se acordaremos na próxima manhã.

Nossa única certeza é o que vivemos neste dia,
Hoje é o único momento para consertar nossas vidas.
Não viva pensando que nunca irá morrer,
Pense que neste dia isso pode acontecer.

E se acontecer, o que virá em seguida?
Para onde seu espírito irá após o fim da sua vida?
Você tem certeza do que te espera do outro lado?
Será algo bom e glorioso? Ou você será condenado?

Elimine hoje esta dúvida do seu coração,
Dobre os seus joelhos e erga as suas mãos.
Clame a Deus de todo o seu coração,
Ore ao Senhor e peça o seu perdão.

Deus é misericordioso e irá te escutar,
O perdão pelos seus pecados, Ele concederá.
O Senhor Deus lhe dará a sua salvação,
Deus o livrará da dúvida e da condenação.

Pare o que está fazendo e ore ao Senhor,

Hoje pode ser o dia que Deus te chamou.

Atenda a voz do Senhor e faça a sua vontade,

Deus deseja cuidar de você por toda a eternidade.

Continue em frente

Diante de Deus, tudo tem um tempo perfeito,
Para tudo, Ele sabe quando é o momento certo.
Mesmo quando algo não está claro para nossa visão,
Deus está trabalhando e nos dando a sua benção.

Se confiarmos em Deus, não há motivo para se desesperar,
Podemos ver o completo caos nos rodear,
Mas a nossa fé em Deus, isso não pode perturbar,
Sob o controle do Senhor, tudo está.

Talvez esta terrível situação nos ensine algo,
Talvez esse tempo de sofrimento nos leve ao aprendizado.
Deus nunca permitiria nada para nos prejudicar,
Ele permite que aconteça porque sabe que vamos suportar.

Além de sua confiança, Deus também nos dá forças,
Ele nos dá os meios para vencer e protege nossas vidas.
Deus está indo à frente desta batalha para abrir o caminho,
Ele está preparando a nossa vitória e ela será incrível.

Veremos que valeu a pena tudo o que vivemos,
O sentido de cada coisa vivida, nós aprenderemos.
As coisas que aprendemos continuarão a nos ajudar,
Elas serão úteis quando uma nova batalha chegar.

Igreja contaminada

A igreja cristã brasileira vive uma triste situação,
A igreja permitiu entrar em si a contaminação.
Deixando o que é certo e indo para a corrupção,
E o pior de tudo: afirmam que Deus está em ação.

A igreja se envolveu com pessoas sujas e imorais,
Pessoas sedentas por violência que tiram toda a paz.
A igreja constituiu um novo deus e lhe dá adoração,
A igreja acredita que um político é a sua salvação.

Diante deste homem, a igreja se curvou,
Jesus é ignorado porque há um novo "salvador".
O "salvador" é alguém que mudará a nação,
Um homem que dará ao povo a libertação.

A igreja ficou cega após ouvir um discurso animador,
Todos começaram a defendê–lo como supremo senhor.
Em sua defesa, todos podem mentir, agredir e enganar,
E se for necessário, podem até mesmo matar.

Não há limite para agradar o novo deus dos "cristãos",
Ele merece todos os sacrifícios, jejum e oração.
Seus seguidores dizem que ele é o enviado do Senhor,
E por isso ele merece todo o respeito e louvor.

Muitos "cristãos" seguem crendo nesta mentira,
Para o corrupto, estão dedicando as suas vidas.
Eles estão muito longe da vontade do Senhor,
Somente Deus é digno de toda adoração e louvor.

Mudança de pensamento

Há situações que parecem ser o nosso fim,
Sentimos que não podemos fazer nada ali.
Não há nada bom naquele lugar,
Pensamos: tudo acabou, meu fim logo chegará.

No entanto, Deus não nos deixou ali para morrer,
O Senhor nos colocou lá para ver algo acontecer.
Deus quer ver nosso crescimento naquele lugar,
Ele sabe que mesmo na dificuldade podemos avançar.

Quando começamos a ver a situação de forma diferente,
O Senhor começa a abrir nossos corações e mentes.
Estaremos tranquilos e confiantes no Senhor,
Certos de que em todo tempo Deus é o nosso ajudador.

Veremos que foram inúteis todas as queixas do passado,
Reclamamos porque estávamos amedrontados.
Naquele momento, ainda não havíamos entendido,
Não acreditávamos que Deus nos colocou naquele caminho.

Depois de entender o que devemos fazer,
Vamos trabalhar para algo novo acontecer.
Poderemos fazer coisas que não havíamos pensado,
Teremos conquistas que nunca havíamos sonhado.

Mas Deus

Sou muito fraco,
Mas Deus está comigo.
Eu nada posso fazer,
Mas Deus tudo pode fazer.

Tudo parece impossível,
Mas Deus faz todo possível.
Não há saída no meu caminho,
Mas Deus cria um novo caminho.

Eu não posso superar a minha situação,
Mas Deus pode vencer qualquer ocasião.
Minha angústia está me enfraquecendo,
Mas Deus está me fortalecendo.

Tudo parece estar contra mim,
Mas Deus está ao meu lado e luta por mim.
Não sei o que devo fazer,
Mas Deus me diz o melhor a se fazer.

Tenho muitas incertezas,
Mas Deus tem todas as certezas.
Eu não sei o que acontecerá,
Mas Deus sempre me protegerá.

Transformações

Jesus é um nome com glória e poder,
Se você conhecê–lo e dele aprender,
Algo novo em sua vida vai acontecer,
Muitas coisas novas chegarão a você.

Ele será seu mestre e guia,
No mar do conhecimento, você navegará.
Você poderá viver uma nova vida,
A sabedoria infinita, você alcançará.

Seus ensinamentos serão gravados em você,
A luz da sua mente resplandecerá.
As armas da tolice não vão te vencer.
Não importa quantas tentem te derrubar.

Siga em frente com Jesus no seu caminho,
Com Ele, você nunca se sentirá sozinho.
Nunca se esqueça dos milagres que Ele fez.
Você será acompanhado pelo Rei dos reis.

Situação e comportamento

Vivemos situações difíceis, pesadas e complicadas,
Situações nas quais nenhuma justiça é aplicada.
O mal está livre, e atua em tudo e todos com liberdade,
Não existe o menor rastro de retidão nem verdade.

Tudo parece estar podre e corrompido,
Todos os bons sentimentos foram destruídos.
A vingança se acumula como a água em uma represa,
Todas as opções de crueldade estão sobre a mesa.

Cada um de nós pode escolher o que quer praticar,
Cada um pode escolher a sua maneira de atuar.
Tudo está permitido, parece não haver condenação,
Os mais sombrios desejos estão ao alcance da mão.

Mesmo estando diante de tantas possibilidades,
Devemos fugir de todas essas maldades.
Não podemos nos comportar como esta geração,
Somos o povo escolhido por Deus para a salvação.

Somos os filhos escolhidos e herdeiros da luz,
Somos a nação eleita que irá morar com Jesus.
Ainda que ninguém faça o que é correto e justo,
Devemos ser e fazer a diferença neste mundo.

Nossa missão é mostrar que ainda há bondade,
Mostrar ao mundo que ainda há felicidade.
Que todos saibam do amor e justiça do Senhor,
Que todos saibam que há um Salvador.

Compreendendo o momento

Há momentos nos quais estamos aprisionados,
Sentimos que estamos presos e indefesos.
Somos esmagados e oprimidos por todos os lados.

Todas as coisas parecem vir contra a nossa vida,
Os dias são caóticos, difíceis e muito cruéis.
Batalhamos arduamente, mas aquilo não tem saída.

Abaixamos a cabeça e começamos a chorar,
A luta árdua e brutal conseguiu nos abater.
Olhamos adiante, e a saída, não podemos enxergar.

Pensamos que é hora de desistir de tudo,
Consideramos que já fomos vencidos.
Não há proveito em continuar lutando contra o mundo.

Clamamos a Deus e expomos o nosso coração,
Dizemos a Ele tudo o que está acontecendo.
Derramamos infinitas lágrimas em nossa aflição.

O Senhor é amoroso e compreende nosso momento,
Gentilmente Ele nos explica o nosso caminho.
Nada foi em vão, tudo foi um grande treinamento.

O Senhor nos preparou para o grande dia,
Ele nos treinou para receber uma grande bênção.
Deus nos capacitou com sua infinita sabedoria.
27

Compreendemos que tudo estava planejado,
Houve um propósito em tudo o que vivemos.
O momento ruim foi o nosso tempo de aprendizado.

O distanciamento e o retorno

No começo da caminhada, tudo era muito diferente,
Desejava fazer todo o trabalho espontaneamente.
Não havia necessidade de ninguém me cobrar,
Não havia necessidade de ninguém me chamar.
Sempre estava à disposição para fazer toda obra,
Eu tinha amor e dedicação de sobra.

O tempo passou, e meu interesse diminuiu,
Não via meu trabalho como algo necessário e útil.
Pensava que havia outras pessoas para executá-lo,
Pensava que era só mais um; não era necessário.
Afastei-me de todos os trabalhos e obrigações,
Fui buscar outras oportunidades, outras opções.

A cada momento, eu estava mais distante do Senhor,
A cada dia que passava, mais distante do seu amor.
Os meus lábios já não cantavam mais o seu louvor,
Minha vida já não refletia a sua glória e esplendor.
Não havia diferença entre o sagrado e o profano,
Não havia distinção entre o espiritual e o mundano.

Segui o caminho que me levaria à verdadeira alegria,
Uma estrada para uma nova e próspera vida.
Esta rota iria me levar a um lugar maravilhoso,
Um reino onde eu me sentiria forte e poderoso.
Atingi o mais alto nível de conquista e realização,
Sentei–me num trono para contemplar a minha perfeição.

Aquele mundo tinha tudo o que eu sempre sonhei,
No entanto, o seu prazer e presentes, não desfrutei.
Tudo parecia conduzir–me a uma alegria jamais vista,
Mas nada do que era oferecido me satisfazia.
Depois de experimentar infinitas maravilhas,
Sentia um vazio igualmente infinito em minha vida.

Faltava em mim o essencial, o que me dava sentido,
Em minha vida não havia o perfeito amor de Cristo.
Depois de muitas desventuras, reconheci meu pecado,
Eu estava só, pobre e nu; necessitava Deus ao meu lado.
Humilhei–me perante o Senhor e supliquei o seu perdão,
Como um pai amoroso, Ele novamente estendeu sua mão.

Retornei aos caminhos do Senhor, e hoje estou renovado,
Deus me limpou de toda a maldade e de todo o pecado.
Faço tudo pelo Senhor com extremo zelo e dedicação,
Todos os dias, reconheço e agradeço a sua salvação.
Não há palavras para descrever a minha gratidão,
Apenas posso demonstrá–la com louvor e adoração.

A alegria da confiança

Hoje será um dia maravilhoso
À minha frente está o Deus todo–poderoso.

Ele me protegerá,
Ele me guiará,
Ele me conduzirá,
Comigo, Ele ficará.

O Senhor é fiel em todas as suas promessas,
E estar sempre comigo é uma delas.
Deus prometeu a sua constante proteção,
Ele fez uma aliança para todas as gerações.

Tudo o que necessito, Deus proverá,
De todo o mal que existe, Deus me livrará.
Não me preocupo; confio que comigo Ele está.

Mesmo que algo se levante contra a minha vida,
Tenho o poderoso Deus, e a vitória está garantida.
O Senhor nunca falhará comigo,
Porque o Senhor me ama como seu filho.

Não há razão para me amedrontar,
Não há razão para lágrimas derramar.
Todas as coisas estão sujeitas ao Senhor,
Todas as coisas obedecem ao Deus todo–poderoso.

Sempre acreditarei no Deus da minha salvação,

Sempre farei parte de sua Santa Nação.

Aguardo ansiosamente o dia da nossa união,

Aquele dia incrível em que estarei em sua habitação.

Depois

Eu sempre ouvi falar de ti,
Mas o seu caminho, eu não segui.
Eu nunca quis ficar ao seu lado,
Sempre pensei que estaria aprisionado.

Eu queria continuar minha vida livremente,
Ele não queria ser restrito como um crente.
Já sabia como era a vida de gente assim,
Havia regras e restrições sem fim.
Eu não queria estar preso dessa maneira,
Minha mente queria viver em livre; sem barreiras.

Neguei todos os convites que recebi,
Em um culto cristão, eu nunca apareci.
Inventava desculpas para quem me convidava,
Dizia que no próximo eu iria acompanhá–la.

Criei as mais incríveis desculpas,
Muitas envolviam histórias confusas.
Sabia que as pessoas não acreditavam no que eu dizia,
No entanto, eles tinham certeza de que eu não iria.

Os convites continuaram, e eu tive que mudar,
Inventei outras coisas que poderiam me livrar.
Disse que ainda não era a hora da minha conversão,
Um dia, no futuro, entregarei a Deus o meu coração.

As pessoas que me ouviam sempre advertiam:
"Cuidado, você não sabe quando será seu último dia."
Eu respondi que não me preocupava,
Deus me daria a oportunidade se Ele me amava.

Acho que as pessoas se cansaram de mim,
Nenhum outro convite chegou até mim.
Finalmente, ninguém vinha me perturbar,
Eu estava em paz e poderia me esbaldar.
Desperdicei minha vida sem querer conhecer a Deus,
Deixei para o final, planejava me tornar um dos seus.

Sem aviso, a vida me atingiu terrivelmente,
Minha existência foi apagada rapidamente.
Em um momento, eu estava andando,
E no seguinte, estava no chão sangrando.

Minha força e vitalidade estavam escapando velozmente,
Não tive chance de arrependimento.
Tudo estava acabado; morri em meu pecado,
Em um terrível inferno serei lançado.
E tudo isso poderia ter sido evitado.

A árvore que não podia crescer

Como uma grande árvore, quero crescer,
Uma planta vistosa e maravilhosa, quero ser.
Que meus galhos se espalhem por todos os lados,
E minha copa e tronco subam cada vez mais altos.

Crescer é o desejo mais profundo do meu coração,
É o pensamento que domina minha imaginação.
Sempre busco o melhor solo para meu desenvolvimento,
Sempre busco formas de expandir meu conhecimento.

Busco fontes de águas puras constantemente,
Elas suprirão minhas necessidades permanentemente.
Faço o meu melhor para alcançar o êxito,
Mas não estou crescendo, nada tem efeito.

Depois de cuidadosamente analisar minha situação,
Descubro que vivo numa triste condição.
Descobri que não cresço porque estou cercado,
Não cresço porque estou sendo ofuscado.

Há muitas grandes e velhas árvores atrapalhando,
Elas sempre tentam frustrar os meus planos.
Nenhuma delas apoia aquilo que tento fazer,
Mas todas elas criticam quando tento crescer.

Elas dizem que o crescimento não é para mim,
Dizem que nada mudará e sempre estarei assim.
Há muito tempo essas árvores pararam de sonhar,
Agora sua missão é tentar me desanimar.

Não posso ouvi–las, não posso parar de lutar,
Preciso de uma ajuda especial para me ajudar.
E essa ajuda maravilhosa virá daquele que me criou,
Receberei a ajuda do jardineiro, a ajuda do Senhor.

Deus irá abrir o caminho para o meu crescimento,
Tirando todas as sombras que me estavam cobrindo.
O Senhor sempre acredita naquilo que posso fazer,
Ele sempre abençoa o meu caminho para algo acontecer.

Assim como o jardineiro, Deus cuidou de sua criação,
Abriu espaço e me fez crescer com a sua bênção.
Aprendi que devo confiar e acreditar somente no Senhor,
Ele é o único que me presenteia com verdadeiro amor.
Deus é o único que sempre me ajudará,
Com Ele, o meu crescimento nunca parará.

Obrigado

Obrigado, Senhor, por mais uma oportunidade.
Obrigado por viver mais um dia sob a sua bondade.

Obrigado por sempre me preservar,
Obrigado por sempre me ajudar.

Obrigado por tudo o que tenho,
Obrigado por todo o meu alimento.

Obrigado pelo teto sobre a minha cabeça,
Obrigado pela roupa que me esquenta.

Obrigado por sua ternura e fidelidade infinitas,
Obrigado por todas as bênçãos em minha vida.

Obrigado por ter sido escolhido para a salvação,
Obrigado por me dar a sua unção.

Obrigado pelo privilégio de te louvar,
Obrigado pelo privilégio de te adorar.

Obrigado por sempre guiar o meu caminho,
Obrigado por sempre estar comigo.

Obrigado por todas as alegrias vividas,
Obrigado pelas promessas cumpridas.

Obrigado por meus dons recebidos,
Obrigado pelo imensurável amor de Cristo.

Obrigado por ser meu Deus, pai e Senhor,
Obrigado pelo seu infinito e incomparável amor.

Obrigado é o que sempre direi,
Obrigado é o que sempre repetirei.

Ele

Há alguém que pode tudo,
Ele pode mudar qualquer história,
Não há limites para a sua atuação,
Não há barreiras que possam impedi–lo.

Para Ele não há distância muito longa,
Ou abismo terrivelmente profundo,
Não há montanha que não possa subir,
Nada pode afastá–lo do seu objetivo.

Ele deseja ser conhecido e amado,
Deseja que as pessoas saibam o seu nome,
Ele deseja ser o melhor amigo,
Aquele que as pessoas contam segredos.

Ele está sempre disposto a ouvir,
Ele nunca se cansa de ninguém,
A sua força e capacidade são infinitas,
E sua bondade é maior do que tudo.

Ah! Como Ele anseia sua aproximação!
Ele te aguarda pacientemente.
Ele está te chamando neste momento,
Ele deseja que você esteja com Ele.

Jesus estende a você a sua mão bondosa,
Ele está sorrindo enquanto te olha.
Aceite o convite e viva ao seu lado,
A sua vida passará por uma grande mudança.

Onde havia tristeza será posta a alegria,
Onde havia choro nascerá a esperança,
Onde havia desânimo emergirá a força,
Onde havia o medo transbordará a coragem.

E sempre que algo vier contra você,
Não haverá razões para se preocupar.
O Senhor Jesus estará em seu caminho,
Todas as batalhas serão vencidas.

Conheça este maravilhoso Senhor,
Permita uma reviravolta em seu mundo.
Deixe para trás aquilo que não presta,
E siga por uma estrada bela e nova.

Para a mudança acontecer,
Você precisa tomar uma decisão.
Você precisa clamar ao Senhor,
Você deve convidá-lo à sua vida.

Clame de todo o coração e viva algo novo,
Deixe Jesus entrar e começar a mudança.
Ele fará tudo o que for preciso,
E no final, somente Ele será necessário.

Um dia extraordinário

Aquele parecia ser só mais um dia,
Um dia como todos em sua vida.
Aquele homem foi levado ao seu lugar,
Ele sempre ficava ali para mendigar.

O pobre homem nascera aleijado,
Não podia andar; era sempre carregado.
Ele dependia de todos para tudo,
Era livre, mas estava preso num triste mundo.

Em um lugar especial, o homem foi colocado,
Na porta do templo, chamada Formosa, foi deixado.
Ele pensou que aquele seria um dia normal,
Ficar ali no chão já lhe parecia algo natural.

Ele via todas as pessoas e lhes pedia esmola,
Queria ao menos uma migalha para saciá-lo naquela hora.
Em sua vida não havia esperança nem perspectiva,
Ele só desejava chegar vivo ao final daquele dia.

Dois homens passaram por aquela porta,
Ele estendeu sua mão e lhes pediu sua esmola.
Naquele momento, sua vida começou a mudar,
Um pouco de atenção, ele pode ganhar.

Os homens pediram para levantar seu olhar,
Aquele rosto sofrido, eles puderam contemplar.
Alguma coisa, o homem esperava receber,
Ele nem imaginava o que iria acontecer.

Ele não sabia quem os homens representavam,
Ele não tinha ideia do poder que carregavam.
Pedro e João foram direcionados a estar ali,
Naquela hora, a glória de Jesus iria agir.

Pedro não tinha prata nem ouro para dar,
Mas tinha Jesus Cristo, e o milagre iria se realizar.
Em nome de Jesus, Pedro declarou:
"Ande, pois o Senhor te curou."

A cura aconteceu instantaneamente,
A mudança ocorreu imediatamente.
Seus pés retornaram ao seu perfeito estado,
Ele andou como se nunca tivesse sido aleijado.

Agora, o homem pode entrar no templo do Senhor,
Ele saltou e louvou a Deus, seu libertador.
Todo o povo viu e ficou maravilhado,
Eles reconheceram que era o mesmo aleijado.

A vida daquele homem nunca mais foi igual,
Ele havia experimentado a cura sobrenatural.
O Senhor devolveu sua alegria e dignidade,
O Deus todo–Poderoso deu sua liberdade.

Fardos pesados

Seguimos a vida carregando fardos pesados,
São muitos desejos, preocupações e medos.
Tudo isso deixa nosso ser terrivelmente sobrecarregado.

A cada dia sentimos que piora a situação,
Sentimos que o fardo está se tornando insuportável.
O desespero vem e derrete nosso coração.

Esse peso gigantesco ofusca toda e qualquer alegria,
A mente não acredita mais que algo bom acontecerá.
Em um poço profundo, na escuridão, é onde ela habita.

Há um ponto onde é impossível continuar vivendo assim,
Caímos no chão e o choro inunda nosso ser.
Tudo é tão terrível que até desejamos a morte, o nosso fim.

Nas densas trevas, ouvimos alguém chamando,
Alguém está dizendo o nosso nome.
Olhamos em volta para ver quem está falando.

Chama–nos Aquele que pode nos resgatar,
O maravilhoso, o poderoso, o fiel, o grande mestre.
Jesus Cristo nos chama, e do poço, Ele vai nos tirar.

O Senhor Jesus Cristo ilumina e dissipa todas as trevas,
Ele segura nossas mãos e nos levanta.
Por um caminho reto e cheio de luz, Ele nos leva.

45

Aquele fardo mortal, Jesus Cristo remove,
Ele joga fora tudo de ruim.
E Ele nos dá sua carga que é muito suave.

Além do alívio, Ele sempre está ao nosso lado,
Ele nunca deixará que sigamos sem ajuda.
Ele nunca nos deixará cair desanimados.

Todas às vezes que a carga parecer pesada,
Jesus nos proverá com sua força infinita.
E toda e qualquer circunstância será superada.

Estacionado

Muitas vezes não vemos nada acontecendo.
Sentimos que nosso mundo parou de girar,
Em todos os lados tudo está no mesmo lugar.
Tudo parece estático, nada está se movendo.

A falta de movimento produz certa inquietação.
Clamamos desesperadamente pela ajuda do Senhor,
Buscamos incessantemente a sua graça e favor.
Desejamos sua imediata ação em nossa situação.

Esperamos com aflição pelo milagre desejado.
Seguimos pedindo a Deus fervorosamente,
A bênção sonhada domina nossa mente.
Nosso coração sonha com aquilo que será dado.

O tempo passa e nossa vida ainda não mudou.
Todas as coisas permanecem no mesmo estado,
Estamos certos de que não seremos abençoados.
Sentimos que o Senhor nos esqueceu e abandonou.

A decepção chega a tal ponto que paramos de orar.
Imaginamos que aquilo não chegará às nossas vidas,
Acreditamos que nunca veremos aqueles belos dias.
Cremos que nosso sonho nunca vai se realizar.

De repente, quando nem mesmo estamos esperando.
Nosso mundo começa a se mover rapidamente,
Acontece algo maravilhoso quase instantaneamente.
Toda a nossa situação está se transformando.

Compreendemos que Deus começou sua ação.
Coisas novas são criadas onde não havia nada,
Uma grande obra de Deus está sendo executada.
O Senhor atendeu o desejo do nosso coração.

Somos inundados por um sentimento de gratidão.
Entendemos o quanto fomos infiéis e impacientes,
Agimos como pessoas sem fé, como descrentes.
Percebemos nosso erro e imploramos perdão.

Somos perdoados graças às misericórdias do Senhor.
Mudamos nosso pensamento e nossa postura,
Diante de Deus, teremos uma nova conduta.
Começamos uma nova fase com mais fé e amor.

Pedindo corretamente

Todo mundo tem algum desejo em seu coração,
Todos pedem a Deus alguma bênção.
Os pedidos são uma coisa muito usual,
Todo mundo precisa de um milagre sobrenatural.

Alguns clamam ao Senhor para receber sua cura,
Outros clamam a Ele por outros tipos de ajuda.
Os crentes sabem que Deus é o Todo–Poderoso,
Ele pode fazer qualquer coisa por seu povo.

E entre todos os tipos de pedidos,
Há um que Deus não gosta de ouvi-lo.
Deus não gosta de ouvir súplicas egoístas,
Súplicas para receber as banalidades da vida.

Em vez de alguém pedir um carro mais caro,
Deveria pedir ao Senhor para usá–lo.
Em vez de pedir uma casa gigantesca,
Deveria pedir para quem não tem nada na mesa.

Muitos se aproximam de Deus com pedidos sem sentido,
Coisas que nada têm a ver com o Reino de Cristo.
Muitas vezes as pessoas imploram pelo que lhes agradará,
Não levando em conta o resultado que produzirá.

Os cristãos devem pedir coisas admiráveis,
Seus pedidos devem ser puros e responsáveis.
Pedidos que possam glorificar o nome do Senhor,
Pedidos que reflitam sua glória e esplendor.

Cada um deve pedir para ser uma ferramenta,
Alguém que espalha paz e amor na Terra.
Todos devem ansiar pelo crescimento do Evangelho,
Assim, Deus derramará infinitas bênçãos do céu.

Lembrar–se do que aconteceu

Todas as coisas estão muito difíceis,
Serei capaz de superá–las?
Verei os dias felizes novamente?
Serei capaz de cantar alegremente?

Essas perguntas sempre vêm à mente,
Pensamos nelas quando estamos desesperados.
Parece não haver esperança,
Perdemos nossa fé e autoconfiança.

Precisamente neste momento, algo deve acontecer.
Devemos lembrar o que já nos aconteceu.
Devemos trazer à memória as bênçãos recebidas,
Trazer ao nosso coração as batalhas vencidas.

Na vida, todos têm vitórias para comemorar.
Todo mundo tem muitos momentos de alegria.
Momentos que aproveitamos com intensidade,
Tempos que moramos com a felicidade.

Esses foram os presentes recebidos do Senhor.
Deus está sempre preocupado com o nosso caminho.
O Senhor estava à frente em todas as batalhas,
Ele frequentemente mostra que nunca falha.

Embora a situação atual seja desafiadora,
Não podemos nos prostrar e ficar chorando.
Devemos manter a fé na provisão,
Apoiando–nos na certeza da nossa bênção.

Deus já nos abençoou muitas vezes,
E não será agora que Ele falhará.
Acredite firmemente na resposta do Senhor,
No momento oportuno, Ele dará seu magnífico favor.

Seguir acreditando

Faz muito tempo desde que ouvi sua promessa,
Desde que ouvi sua voz, tem sido uma infinita espera.
Todas as coisas que você anunciou, aguardei,
A transformação em meu caminho, esperei.

Ó, Senhor! Preciso de sua poderosa ajuda imediatamente!
Todas as bênçãos prometidas, quero vê-las na minha frente.
Sinto que todas as coisas da minha vida estão congeladas,
Sinto que não há solução para absolutamente nada.

Ajuda-me a superar todas as minhas angústias,
Seguir em frente na minha situação é uma verdadeira luta.
Há momentos em que não desejo mais continuar,
Os problemas são difíceis e tentam me despedaçar.

Todos os dias, sempre faço o meu melhor para avançar,
Mas parece que este teste nunca vai terminar.
Senhor, lembra-te desta pobre e necessitada alma,
Aja em minha vida e faça crescer este servo que a Ti clama.

Oro e canto tentando fazer mi fé ser elevada,
Sempre acreditando que a bênção de Deus será dada.
Tenho certeza de que não adianta reclamar,
Pois a minha dor, as reclamações não irão aliviar.

Não importa o que venha contra mim,
Sei que o Senhor todo–poderoso é por mim.
Mesmo se levantando milhares de inimigos,
Com a ajuda do Senhor, vencerei todos os desafios.

Mesmo que todos digam que não serei abençoado,
Não os ouvirei; acredito no que me foi anunciado.
Deus é o único que pode decidir o meu destino,
Ele abrirá um rio de bênçãos em meu caminho.

Deus fez algo grande assim como eu acreditava,
Ele criou uma novidade onde não havia nada.
O Senhor cumpriu todas as suas palavras prometidas,
Ele mostrou ser zeloso e fiel com minha vida.

Presenteando

Ficamos satisfeitos quando recebemos algo,
Amamos quando somos presenteados,
Amamos quando os nossos desejos são realizados.

Ganhar algo nos faz sentir importantes,
Sentimos que somos queridos e amados,
Por outras pessoas, estamos sendo lembrados.

Os presentes são uma demonstração de amor,
Mostram que somos dignos de atenção,
Dizem que merecemos grande consideração.

Assim como recebemos o amor dos outros,
Também devemos demonstrar nosso amor,
Devemos dar aos outros nossa graça e favor.

Devemos semear aquilo que já recebemos,
Não precisamos começar com bens materiais,
Podemos começar visitando os doentes nos hospitais.

Podemos dar um pouco de atenção a alguém,
Levar um pouco de alegria a um solitário,
Mostrando-lhe que há alguém ao seu lado.

Podemos doar nosso tempo para ouvir,
Estando atentos ao que o outro quer falar,
Isso pode fazer a pessoa se curar.

Também podemos nos dedicar aos outros,
Ajudando–os em suas necessidades,
Pequenas ações geram enorme felicidade.

Outra forma de ajudar é através da oração,
Apresentando a Deus os pedidos do outro,
Este sacrifício é mais valioso que o mais puro ouro.

O reconhecimento pode ser mostrado com dinheiro,
Doando e ajudando os que estão mais necessitados,
Eles se sentirão imensamente abençoados.

Estes foram apenas alguns exemplos de sementes,
Há muitos campos onde podem ser plantadas,
Elas aguardam alguém para semeá–las.

Faça o seu melhor para melhorar o mundo,
Deus sempre faz o seu melhor por todos,
Tentemos imitá–lo com todo o nosso esforço.

Pensar

Deus nos criou com muitas capacidades,
O Senhor nos deu muitas habilidades.
Entre todos os nossos dons, temos o pensar,
Uma habilidade incrível que pode muito realizar.

O Criador nos deu uma inteligência extraordinária,
Ele projetou o cérebro como a mais perfeita maquinaria.
Um conjunto de conexões muito poderoso,
Um órgão forte para governar todo o corpo.

Além do corpo, o cérebro deve raciocinar,
Ele deve analisar a maneira correta de atuar.
Em meio a infinitas e incontáveis opções,
Devemos usar a sabedoria em nossas decisões.

Deus pode nos ajudar naquilo que devemos escolher,
Mas cabe a cada um decidir o que fazer.
O Senhor não indicará cada passo do nosso caminho,
Ele já nos deu a sabedoria para escolher o melhor destino.

Devemos confiar em Deus após cada decisão,
Confiar que Ele estará conosco nessa direção.
O Mestre nos ajudará a superar todos os obstáculos,
Ele segura nossas mãos e continua ao nosso lado.

Bagagens da vida

Ao longo da vida, recebemos muitas bagagens,
São muitas malas e pacotes para carregar,
São muitas cargas que sempre vamos levar.

Algumas destas cargas têm utilidade,
As malas levam as experiências aprendidas,
Levam ensinamentos para toda a vida.

No entanto, temos muitas cargas inúteis,
Algumas delas estão cheias de sofrimento,
Quando as tocamos, temos péssimos sentimentos.

Estas cargas impedem que sigamos em paz,
Elas sempre nos puxam de volta ao passado,
Nunca deixam que alcancemos o futuro desejado.

Algumas destas cargas estão entranhadas no coração,
Estão conectadas ao mais profundo do nosso ser,
Sentimos que é impossível nos desprender.

Precisamos da ajuda daquele que dá liberdade,
Aquele que pode quebrar qualquer corrente,
Precisamos do Senhor Deus para libertar nossa mente.

Ele cortará as cordas que nos prendem ao passado,
Deus nos livrará daquilo que nos sufocava,
Caminharemos livres, sem estar presos a nada.

58

Toda a carga negativa e improdutiva será removida,
Levaremos somente aquilo que nos auxiliará,
Alcançaremos um novo e maravilhoso lugar.

Estaremos onde o Senhor havia planejado,
Um lugar onde reina a sua perfeita vontade,
Onde habitam a paz e a felicidade.

Preocupações

A preocupação é algo natural para o ser humano,
Todos se preocupam sobre o que vai acontecer.
Todos desejam saber como o seu futuro será,
Todos querem estar preparados para o amanhã.

Esta busca pela preparação pode gerar ansiedade,
A mente é preenchida com imaginações infinitas.
Cada um cria dentro de si todos os tipos de cenários,
Cada pessoa imagina tudo o que pode acontecer.

Estas imaginações se convertem em um tipo de medo,
Elas se enraízam no coração e produzem angústia.
A pessoa se preocupa todo o tempo; não há descanso.
Ela fica agitada, inquieta e sem saber o que fazer.

E na maioria das vezes, a preocupação é inútil,
Pois são coisas que ninguém sabe se vão acontecer.
Vive-se um sofrimento antecipado e sem sentido,
Um sofrimento baseado apenas na expectativa.

É preciso ajuda para se libertar da ansiedade,
A pessoa deve olhar para o alto e pedir socorro.
Ela deve se lembrar daquele que controla tudo,
Deve se lembrar de que há um Deus todo-poderoso.

Este Deus é capaz de aliviar esta pesada angústia,
Ele retirará a preocupação, o medo e a ansiedade.
A pessoa voltará a viver em paz consigo mesma,
Ela voltará a sorrir e poderá ter fé num futuro melhor.

O Senhor traz uma paz inexplicável e duradoura,
Ainda que o destino se mostre totalmente incerto.
Deus acalma o coração dando–lhe confiança,
Dando–lhe uma grande esperança em meio ao caos.

Sempre que a pessoa pensar em se desesperar,
Ela recordará que não há motivos para isso.
A pessoa entregará suas ansiedades para o Senhor,
E descansará esperando sua ação maravilhosa.

Palavras ditas

As pessoas gostam de falar sobre mim,
Dizem más palavras contra mim.

Dizem palavras para me desprezar,
Falam coisas para me desvalorizar.

Todas as pessoas fazem isso livremente,
Expondo suas malignas mentes.

As línguas são muito maliciosas,
Eles são como cobras venenosas.

Sua única missão é me derrubar,
Lançam veneno para me matar.

Vou me proteger de tudo isso,
Haverá um escudo em meus ouvidos.

A palavra envenenada, não ouvirei,
Muitas boas palavras, falarei.

Minha boca é fonte de bênção,
Ela dirá o que agrada o meu coração.

Minhas palavras sempre serão bonitas,
Elas sempre estarão cheias de vida.

Declararei palavras de encorajamento e vitória,
Afirmarei como será minha história.

Falarei das maravilhas do Senhor,
Renderei culto ao seu amor e favor.

Cantarei dos planos do meu Deus,
Cantarei que sou um dos seus.

Agradecerei pela salvação recebida,
Agradecerei por ter me dado a vida.

O bem será espalhado por meus lábios,
Desfazendo todo o mal lançado.

A bênção vencerá a maldição,
E minha boa palavra será minha proteção.

Das trevas à luz

Naquela noite mais escura,
Em sua hora mais fria.
Tudo eram trevas e escuridão,
Nenhuma luz se via.

Meu mundo era só desilusão,
Não tinha paz nem amor.
Vivia no caos e na tristeza,
Mergulhado em profunda dor.

Não queria continuar vivo,
Não aguentava mais viver assim.
Queria morrer imediatamente,
Queria logo o meu fim.

Nas trevas, a luz resplandeceu,
Gentilmente fui chamado.
Alguém se importou comigo,
Alguém quis estar ao meu lado.

Uma mão poderosa foi estendida,
Agarrei–a com muita determinação.
Senti que era uma nova chance,
Poderia mudar minha situação.

A mão de Deus me levantou,
Retirou–me daquele lugar.
O Senhor me mostrou a esperança,
Ele me ajudou a levantar.

Saí daquele mundo terrível,
Minha vida foi renovada.
Hoje, vivo alegre e em paz,
Minha história foi transformada.

Sou uma prova do poder de Deus,
Uma prova do que Ele pode fazer.
Apresento–o para outras pessoas,
Para que também possam se erguer.

O dia

A cada manhã, minha mente é renovada,
Declaro que meu dia será abençoado.
Peço a Deus que sua graça seja derramada,
E agradeço por tudo que Ele tem dado.

Encho minha mente com pensamentos positivos,
Considero este dia mais um presente do Senhor.
Afasto de mim todos os pensamentos negativos,
Já agradeço pelas bênçãos que Deus preparou.

Estas atitudes direcionam todo o meu dia,
Elas permitem que eu tenha outra visão.
Reconheço que Deus cuida da minha vida,
Agradeço por seu infinito amor e proteção.

Sempre que posso, falo com o Senhor,
Lembro–me de todas as suas misericórdias.
Agradeço o seu maravilhoso favor,
Agradeço ter mais um dia de vitória.

Ao final do dia, agradeço a Deus novamente,
Agradeço todas as bênçãos recebidas.
Agradeço seu cuidado permanente,
E peço mais bênçãos para o próximo dia.

Ajuda para continuar

Quando tudo disser que você não deve sonhar,
Quando tudo indicar que não deve tentar,
Quando tudo estiver contra e quiser te destruir,
Quando estiver difícil e sentir vontade de desistir.

Lembre–se: há razões para continuar,
Há uma esperança e uma força para te ajudar.
Você não está sozinho, não está abandonado,
Você tem o Senhor todo–poderoso ao seu lado.

Você e o grandioso Deus são uma força imbatível,
Lutar ao lado do Senhor te torna invencível.
Nada será capaz de parar a sua determinação,
Ninguém terá forças para interromper sua missão.

Siga em frente e lute bravamente até vencer,
O infinito poder de Deus está sobre você.
O Senhor te abençoa e te dá vitória,
Ele está escrevendo uma maravilhosa história.

O que Deus diz

O mundo diz: "Você não pode fazer isso; você não merece."
E Deus diz: "Você pode fazer tudo; você merece!"

O mundo diz: "Você não importa, desista."
E Deus diz: "Você é precioso, vá em frente!"

O mundo diz: "Ninguém vai te amar."
E Deus diz: "Eu sempre vou te amar."

O mundo diz: "Você nunca vai superar isso."
E Deus diz: "Certamente, você o vencerá!"

O mundo diz: "Você nunca será curado."
E Deus diz: "Você será curado e restaurado!"

O mundo diz: "Você nunca vai sair desse vício."
E Deus diz: "Você será liberto e terá uma nova vida!"

O mundo diz: "Seu passado é uma sombra sobre sua vida."
E Deus diz: "Vou escrever uma nova história para você!"

O mundo diz: "Este negócio nunca vai prosperar."
E Deus diz: "Farei prosperar tudo o que você fizer!"

O mundo diz: "Você nunca conseguirá essa promoção."
E Deus diz: "Eu o colocarei em mais elevada posição!"

O mundo diz: "Você sempre continuará falhando."
E Deus diz: "Eu o conduzirei à vitória!"

O mundo diz: "Você pecou e está condenado."
E Deus diz: "Eu apagarei todos os seus pecados!"

O mundo diz: "Ninguém em sua família pode fazer isso."
E Deus diz: "Você fará grandes obras!"

O mundo diz: "Não acredite em promessas vazias."
E Deus diz: "Cumprirei tudo o que te prometi!"

Não ouça o que o mundo diz,
Ouça apenas o que Deus diz.

Meu fracasso

Fiz tudo certo e não consegui vencer,
Trabalhei arduamente todos os dias.
Agora, tudo parece em vão e sem sentido,
Nenhum resultado ou melhora, pude perceber.

Tento entender o que fiz de errado,
Busco explicações, motivos e justificativas.
Analiso cada detalhe para compreender,
Preciso saber a razão do meu fracasso.

Minha busca não levou a nenhum lugar,
Ainda não entendi o que aconteceu.
Ainda não aceitei a derrota que vivi,
Preciso de respostas para continuar.

Abri o meu coração perante o Senhor,
Derramei toda a minha angústia e tristeza.
Pedi a Ele uma resposta para minha dúvida,
Algo totalmente inesperado, Ele me mostrou.

Deus me fez ver algo que eu nunca imaginaria,
Ele mostrou que meu fracasso não foi em vão.
A sabedoria de Deus resplandeceu em mim,
Compreendi aquele propósito em minha vida.

O fracasso me ensinou a ser forte e valente,
O infortúnio me deu sabedoria para continuar.
A derrota me mostrou outro caminho a seguir,
Essa situação me ensinou a seguir em frente.

Ergo minha cabeça para encarar o futuro,
Não importa o que virá, sei que Deus está comigo.
Ainda que eu fracasse de novo, não desanimarei,
Ao lado de Deus, somos a maioria contra todo o mundo.

Dois caminhos

Há dois conselhos para nossas vidas,
Um deles vem do Todo—poderoso, o Senhor,
E o outro vem do Diabo, o Enganador.

A palavra do Senhor é uma grande bênção,
A palavra do Enganador é uma gigantesca maldição.
Ele tenta enganá—lo em seu pensamento e ação.

Ele perverte os santos caminhos que o Senhor criou,
Ele quer levar as pessoas ao erro e ao desfavor.
Mas em tudo, ele mostra que há benefício e valor.

Ele não mostra nada feio ou pouco atraente,
Ele fará seus olhos brilharem para capturar sua mente.
Você pensará: "Eu preciso disso imediatamente."

O Diabo continua te seduzindo e encantando,
Pouco a pouco, ele está te capturando.
Você nem consegue notar no que está se transformando.

Você está longe do Senhor; sua visão foi ofuscada,
Você nem consegue ver; a sua luz está sendo apagada.
Para você, não importam os caminhos da sua jornada.

No entanto, o Todo–poderoso nunca desistirá,
Seu amor infalível e eterno, Ele manifestará.
Do poço mais escuro e profundo, Ele te levantará.

Deus quebrará todos os jugos, cordas e correntes,
Você verá o caminho iluminado novamente.
Deus comandará sua vida daqui para frente.

No final, você vai se arrepender de todos os seus atos,
Você pedirá perdão a Deus pelo mal praticado.
Em sua imensa misericórdia, Ele apagará seus pecados.

Uma nova vida no caminho certo, você começará,
Você nunca mais vai querer se desviar.
Você já viu como é terrível se afastar.

Substituindo os pensamentos

Todos nós carregamos muitos pensamentos,
Levamos o que aprendemos ao longo da vida.

Muitos pensamentos são bons e nos ajudam,
No entanto, outros apenas nos atrapalham.

Devemos substituir pensamentos nocivos,
Devemos substituí–los por pensamentos vitoriosos.

Em vez de dizer: "Não posso fazer isso."
Você deve dizer: "Sim, eu posso fazer isso."

Em vez de dizer: "Sempre vivi assim."
Você deve dizer: "Serei a melhor versão de mim."

Em vez de dizer: "Enfrentarei um dia longo e difícil."
Você deve dizer: "Obrigado, Senhor, estou vivo."

Em vez de dizer: "Como foi terrível este dia!"
Você deve dizer: "Obrigado, Senhor; superei este dia."

Em vez de dizer: "Eu desisto! Tudo está perdido!"
Você deve dizer: "Farei meu melhor e tudo será resolvido."

Em vez de dizer: "Tudo sempre tem um final terrível."
Você deve dizer: "Tudo o que eu fizer terá um final incrível."

Em vez de dizer: "Esta doença faz parte de mim."
Você deve dizer: "Essa doença não pertence a mim."

Em vez de dizer: "Nunca encontrarei a pessoa certa."
Você deve dizer: "Vou encontrar a pessoa perfeita."

Em vez de dizer: "Esta crise com certeza me afetará."
Você deve dizer: "Tenho certeza que Deus me protegerá."

Em vez de dizer: "Meu negócio não está funcionando."
Você deve dizer: "Já vejo meu negócio prosperando."

Se você mudar seus pensamentos, tudo será diferente,
Você mudará sua atitude segundo o que há em sua mente.

Você vai acreditar em si mesmo e no Senhor,
Você trabalhará e Deus lhe concederá seu favor.

A chama quase apagada

Comecei minha carreira cristã muito encorajado,
Estava pronto para qualquer tipo de trabalho.
Ninguém podia me perturbar ou me desencorajar.
Onde havia necessidade, eu estava lá.

Sentia um forte desejo de ajudar,
Na obra de Deus, eu queria estar.
Fazer isso me dava propósito e satisfação,
Fazia tudo com enorme disposição.

Eu ia à igreja em todas as ocasiões,
Orava a Deus em todas as situações.
Louvava o Senhor durante o meu dia,
Por suas bênçãos, eu agradecia.

Continuei minha jornada e meu ânimo se limitou,
Já não trabalhava com o mesmo amor.
Tudo virou obrigação,
Não mais agias com zelo ou paixão.

A chama em meu coração se apagou,
Eu nem falava com o Senhor.
Meu coração não ansiava por sua presença,
Era cristão apenas na aparência.

Não sabia exatamente o que havia mudado,
No entanto, sabia que algo foi modificado.
Eu não estava satisfeito com meu modo de viver,
Se eu não fizesse nada, eu iria morrer.

Clamei ao Senhor desesperadamente,
Pedi a Ele que iluminasse minha mente.
Deus gentilmente me tranquilizou,
E o caminho certo, Ele me apontou.

Devo louvar e lembrar as bênçãos,
Lembrar–me dos mandamentos e sua instrução.
Devo seguir sua palavra de vida diariamente,
Reconhecendo que seus caminhos são excelentes.

Devo me lembrar das promessas do Senhor,
Lembrar–me do seu infinito e maravilhoso amor.
Assim, estarei sempre animado e cheio de energia,
O Espírito Santo acende a chama da minha vida.

Uma chama que brilhará resplandecente,
Uma luz que viverá eternamente.
Com Deus, meu brilho nunca se apagará,
A luz do Senhor sempre me acenderá.

Agradecimento antecipado

Senhor Deus, agradeço pelo que virá,
Agradeço ao Senhor pelo que acontecerá.
Agradeço ao Senhor por tudo que não consigo ver,
Sou grato por tudo o que Deus irá fazer.

Agradeço a Deus não importa a situação,
Agradeço–lhe pela sua tremenda atuação.
Agradeço porque Deus age constantemente,
Sempre lhe agradeço pelas bênçãos à frente.

Agradeço–lhe porque sei que Deus está trabalhando,
Sou grato porque minha hora perfeita está em seu plano.
Agradeço porque confio nele de todo o coração,
Agradeço porque Ele me conduz em sua direção.

Sou grato porque sei quem é o Senhor,
Sou grato porque grandemente Ele derramará seu amor.
Agradeço a Ele antes mesmo de receber o esperado,
Sou grato porque sei que já fui abençoado.

Obrigado, Senhor, por manter meu coração sereno,
Agradeço a Deus porque sei o que significa o silêncio.
Agradeço a Deus por todas as coisas que Ele me entregará,
Agradeço por cada coisa nova que Ele me trará.

Da preocupação à paz

Acordo e a começa preocupação
Não tenho paz, só agitação
Fico agitado pensando: o que acontecerá?
Fico nervoso imaginando: o que virá?
Meus nervos estão abalados
Todo o meu ser está muito exaltado.

Eu vivo assim todos os dias
Não há paz em minha vida
Estou sempre muito cansado
Estou completamente esgotado
Não tenho forças para nada
Minha luz está sendo apagada.

Preciso de ajuda para me libertar
Alguém que possa me aliviar
Preciso de uma mão piedosa
Alguém para me trazer vida nova
Preciso sair dessa prisão
Alguém que proporcione libertação.

Só há um que isso pode fazer
Alguém que possa me entender
O Senhor Deus pode me salvar
Da angústia, Ele me libertará
Poderei caminhar despreocupado
Ele aliviará o que estava pesado.

Entregarei ao Senhor minha preocupação
Ele me direcionará à solução
O que parecia totalmente impossível
Com Deus se torna possível
Seguirei confiando na sua grande ajuda,
Sei que não estou sozinho na minha luta.

A poderosa mão de Deus me cobrirá
Dos males, Ele me protegerá
Para a paz infinita, Ele me levará
Uma nova vida começará
Deixando todo o estresse e preocupação
Vivendo confiante no Deus da minha salvação.

Ainda não

Ouvir "ainda não" não é o mesmo que não.
Não significa que não vamos alcançar,
Não significa que não vamos prosperar,
Não significa que não vamos evoluir,
Não significa que não vamos conseguir.

Ouvir "ainda não" pode ser desencorajador,
Pode ser extremamente desanimador,
Poder ser que nos sintamos deprimidos,
Pode ser que fiquemos abatidos.
Parece que nada faz sentido,
Parece que Deus não atenderá nosso pedido.

Ouvir "ainda não" gera tristeza.
Sentimos que tudo está parado,
Sentimos que o milagre não será realizado.
Sentimos grande frustração,
Sentimos uma enorme decepção.

Ouvir "ainda não" tem algum significado.
Significa que ainda não é o momento,
Significa que ainda não é o nosso tempo.
Significa que ainda não podemos receber,
Significa que há coisas que devemos aprender.

Ouvir Deus dizer "ainda não" é algo positivo.
Ele mostra que devemos nos preparar,
Mostra que Ele está disposto a nos abençoar,
Mostra que o Senhor quer nos ajudar,
O Senhor deseja nos aperfeiçoar.

Quando estivermos prontos, a resposta será "sim".
Desfrutaremos a gigantesca bênção do Senhor,
Receberemos o tão sonhado favor.
Tudo estará em seu perfeito lugar,
E seremos capazes de administrar.

"Os santos"

Muitos cristãos vivem isolados
Estão vivendo em mundos separados
Um mundo "livre" de todos os pecados.

Eles estão fechados dentro de uma congregação
Seu único desejo é comparecer à reunião
Eles querem ouvir uma doce e feliz pregação.

Eles se esqueceram do mundo exterior
Esqueceram–se onde está o pecador
Pararam de falar–lhes sobre o Senhor.

Muitos estão sentados em sua salvação
Acham que já têm a perfeita unção
Com outras vidas, eles não têm preocupação.

Quando isso acontece, Deus cria a solução.
O Senhor tocará algum coração
Mostrando–lhe sua esplêndida salvação.

Essa vida encontrará o Senhor
E você conhecerá seu infinito amor
Depois, ele se tornará um pregador.

A pessoa retornará para onde estava
Mostrará aos outros o poder da palavra
Dessa forma, as pessoas serão salvas.

Enquanto as pessoas estão enjauladas
O novo cristão sai e trabalha
Muitíssimas vidas são transformadas.

Os pecadores são perdoados
E "os santos" são condenados
A religião os deixou escravizados.

Necessidade de limpeza

Assim como uma casa, a vida deve ser limpa
Uma limpeza profunda todos os dias
Devemos nos libertar do que pode nos sujar
Assim, a santidade, poderemos alcançar.

Às vezes, a sujeira não é grandiosa
Não é uma coisa chamativa ou monstruosa
Podem ser pedacinhos que estão nos sujando
Uma coisinha que está nos atrapalhando.

Essa coisinha pode ser a linguagem imprópria
Alguns falam coisas feias toda hora.
Pode ser aquela olhadinha maliciosa
O desejo intenso ao ver uma pessoa "maravilhosa".

Há alguns sujos devido ao mau comportamento
Eles mostram mau–humor a todo momento
Respondem e agem com desproporcional severidade
Acreditam que são os donos da verdade.

Outros estão sujos com as mentiras
Grandes e pequenas, elas fazem parte do seu dia
Eles nunca conseguem dizer a verdade
Eles vivem distorcendo a realidade.

Esses e outras coisinhas são prejudiciais
Eles nos afastam de Deus, nosso Pai.
Podem parecer coisas mínimas e inofensivas
No entanto, elas estão deteriorando nossas vidas.

Tudo o que é ruim deve ser descartado
O que estava sujo deve ser lavado
Se houver alguma dificuldade para executar
É preciso clamar ao Senhor para ajudar.

Deus auxiliará durante a organização
Dando a pessoa um novo coração
A pessoa ficará livre de tudo que o sujava
Sua vida será completamente renovada.

A nova vida estará mais perto do Senhor
Mais perto de sua bênção e amor
A pessoa experimentará grande felicidade
Vivendo com Deus em santidade.

Sem desculpas

"Eu não posso! Eu não consigo!
Todas as coisas estão contra mim!
Todas as pessoas me odeiam.
Ninguém quer me ajudar."

Estas palavras mostram infantilidade
E estão carregadas de autopiedade.
A pessoa decidiu como as coisas são
E acredita em sua imaginação.

Estes pensamentos limitam suas ações
Estas crenças afetam suas decisões.
A pessoa não vê nenhuma saída
Ela aceitou que sua vida é sofrida.

Esta infeliz situação deve mudar imediatamente
A pessoa deve trocar o repertório em sua mente.
O crescimento e o sucesso, ela deve buscar
Por todos os seus sonhos, ela deve lutar.

É o momento de assumir responsabilidades
Esta é a única maneira de mudar a realidade.
Não há propósito em ficar parado e se lamentando
Não há sucesso quando alguém está se rebaixando.

A pessoa deve parar com qualquer desculpa
Deve se levantar e ir bravamente à luta.
Está é a única maneira de evoluir
A única maneira para algo conseguir.

Durante a luta, a ajuda será necessária
A pessoa precisará de alguém para acompanhá–la.
Há somente um que é forte o suficiente
Há somente um que a fará seguir em frente.

Somente o Senhor Deus poderá ajudá–la
Somente o Senhor poderá fortificá–la.
Com a ajuda de Deus tudo será superado
Um caráter vitorioso será forjado.

Nunca mais serão ditas palavras depressivas
Aquilo estará morto, parecerá outra vida.
Haverá confiança e proteção do Senhor
Ainda que haja lutas, haverá o seu favor.

Meu jardim

Tenho um precioso jardim para cuidar
Um espaço pessoal onde devo trabalhar.
Meu coração é um solo muito especial
Onde podem ser semeados o bem ou mal.

O jardim floresce quando o bem é semeado
O amor e a esperança brotam por todos os lados.
A bondade se espalha por todas as direções
Há excelentes frutos nas árvores das emoções.

Olho o jardim e vejo sua sublime perfeição
Sinto paz de espírito e alegria no coração.
Uma torrente de bênçãos está sendo derramada
A chuva vinda de Deus faz a terra ser renovada.

No entanto, alguns intrusos podem aparecer
Nas trevas e sombras eles tentam se esconder.
São os inimigos do jardim da minha vida
Desejam que a minha felicidade seja destruída.

Pisam e cortam as plantas, e espalham a maldade
Tentam exaustivamente matar a felicidade.
Querem que toda a bondade seja arrancada
Querem ver a terra seca, sem vida, sem nada.

Muitos destes inimigos chegaram disfarçados
Disseram que auxiliariam no meu trabalho.
Prometeram que sempre estariam comigo
Prometeram que seriam meus melhores amigos.

Eles foram enviados pelo maligno, o destruidor
Aquele que é o grande inimigo do Senhor.
Ele não pode ver o bem em nenhum lugar
Que logo envia os seus servos para perturbar.

Maior que o inimigo do jardim é o seu Criador
Maior que a maldade é a bondade do Senhor.
Ainda que o inimigo envie todo o seu exército
Diante de Deus, eles não são mais do que insetos.

O Senhor expulsará todo o mal do meu jardim
Nenhuma praga terá forças contra mim.
Deus cuidará do meu coração todos os dias
Mostrando sua infinita bondade sobre minha vida.

As promessas de Deus

Deus prometeu que Noé e sua família seriam preservados,
Ele confiou e fez tudo como Deus havia ordenado.
A promessa foi cumprida, e no dilúvio, foram salvos.

Deus prometeu um filho na velhice de Sara e Abraão,
Eles confiaram no Senhor para agir em sua situação.
A promessa foi cumprida em Isaque; ele foi sua bênção.

Deus prometeu a Isaque uma descendência abençoada,
Ele confiou no Senhor e a terra de Canaã foi conquistada.
A promessa foi cumprida; Deus lhes deu uma nova morada.

Deus prometeu a Jacó que sempre o acompanharia,
Ele confiou no Senhor durante toda a sua vida.
A promessa foi cumprida; ele teve vitórias em seus dias.

Deus prometeu a José que um dia ele governaria,
Ele confiou no Senhor, pois sabia que sua vitória chegaria.
A promessa foi cumprida; no Egito a coroa lhe foi concedida.

Deus prometeu a Moisés que libertaria Israel da escravidão,
Ele confiou no Senhor e viu sua poderosa mão.
A promessa foi cumprida; ele os conduziu à outra nação.

Deus prometeu a Gideão que libertaria os israelitas,
Ele confiou no Senhor e lutou por muitas vidas.
A promessa foi cumprida; ele derrotou os midianitas.

Deus prometeu a Davi um reino abençoado e duradouro,
Ele confiou no Senhor, e sua esposa lhe deu um sucessor.
A promessa foi cumprida em Salomão, o sábio governador.

Deus prometeu a Elias que novamente iria chover,
Ele confiou que o Senhor faria aquilo acontecer.
A promessa foi cumprida; Deus enviou chuva com poder.

Deus prometeu a Naamã que ele seria purificado,
Ele confiou no profeta do Senhor mesmo estando irado.
A promessa foi cumprida; e da lepra, ele foi curado.

Deus tem muitas promessas em sua palavra,
Ele tem cumprido todas elas desde que foram registradas.
Deus está sempre agindo na vida de sua nação amada.

Somos a nação de Deus e Ele faz o que anunciou,
Devemos apenas acreditar nas promessas do Senhor.
Assim, receberemos o seu maravilhoso favor.

Sacrifício definitivo

Já somos livres, ninguém pode nos condenar,
Já fomos escolhidos e separados por Deus,
Jesus derramou seu sangue para nos salvar.

Ele sofreu um terrível castigo em nosso lugar,
Ele fez tudo para demonstrar seu infinito amor.
Ele fez o seu melhor para nos perdoar.

O sacrifício de Cristo é algo inigualável,
Nenhuma outra coisa tem o mesmo valor,
O amor de Deus pelo seu povo é incomparável.

O que Jesus Cristo fez foi algo definitivo,
Um sacrifício único e suficiente,
Um ato expiatório que não precisa ser repetido.

Seu sangue precioso cobre todos os pecados,
É como um rio de águas puras que lava cada um.
Não importa se estão no futuro ou no passado.

Tudo o que fizemos ou faremos está perdoado,
Deus nos agraciou assim porque nos conhece,
Ele sabe que não estamos imunes ao pecado.

Mesmo com grande esforço, ainda podemos falhar,
Sempre há a possibilidade de cair em tentação,
Toda a humanidade está sujeita a errar e pecar.
93

E se isso acontecer, temos um Salvador,
Temos o sangue de Cristo para nos perdoar,
Assim, viveremos em paz com o Senhor.

A convocação

Deus está chamando todas as pessoas
Ele está convocando todos que podem ouvir.
Ele quer que todos se aproximem
Ele quer que todos o conheçam.

Deus é gentil e muito compassivo
Ele está sempre buscando seus filhos.
Não importa onde eles estão
Deus os ama e chama seus nomes.

Mesmo nas mais densas trevas
Ou na mais profunda escuridão.
O Senhor Deus estenderá a mão
Ele trará seus filhos para a luz.

Ainda que o filho esteja vivendo em pecado
O Senhor não irá rejeitá–lo.
Deus mostrará o caminho certo
E o esperará de braços abertos.

Deus deseja apenas o arrependimento
Deseja a mudança na mente e no coração.
O Senhor não exige nada além disso
Ao fazer isso, a pessoa se tornará seu filho.

O Senhor quer estar perto de sua família
Ele deseja que todos reconheçam sua paternidade.
Tudo será diferente estando perto dele
A vida não será a mesma de antes.

A pessoa terá uma vida com alegria e amor
Vivendo dias com os quais nunca sonhou.
Tudo é possível para quem opta pela mudança
Tudo é possível para quem vive com Deus.

A estrada

A vida é uma longa estrada
Um longo caminho a ser percorrido
Uma viagem com muitos altos e baixos
Uma aventura rumo ao nosso destino.

Algumas vezes, este caminho é calmo
Dominado pela tranquilidade e serenidade
Tudo acontece maravilhosamente
Seguimos pela trilha da felicidade.

Outras vezes, o caminho é atribulado
Há dificuldades para prosseguir
Enfrentamos muitos obstáculos
Há momentos que consideramos desistir.

Às vezes, sentimos que tudo está parado
Estacionamos no meio da estrada
Buscamos uma direção, uma indicação
Mas não conseguimos ver nada.

A estrada da vida exige sabedoria
Ela demanda um espírito forte e paciente
Devemos estar atentos aos detalhes,
Nunca desistir e sempre seguir em frente.

Devemos confiar no construtor da estrada
Devemos nos apoiar naquele que criou tudo
Nossa certeza deve estar no Senhor Deus
O dono da nossa vida e da estrada do mundo.

Ele é o único que tem o mapa completo
O único que conhece todas as direções
Ele sabe precisamente onde devemos ir
Ele nos acalma no caos das tribulações.

Vamos entregar a condução ao Senhor
Ele nos levará em seu melhor caminho
Cuidando de cada uma das etapas
Até chegarmos ao perfeito destino.

Buscando reconhecimento

Queremos ser reconhecidos,
Desejamos ser aplaudidos,
Ansiamos ser notados,
Queremos ser valorizados.

Lutamos para algo acontecer,
Batalhamos para alguém nos reconhecer.
Sonhamos com aquele grande dia,
Quando será importante a nossa vida.

Estes desejos são naturais,
Todos querem se sentir especiais,
Sentir que há propósito no que é feito,
Sentir que há algo em que somos perfeitos.

No entanto, parece que somos invisíveis,
Parece que somos desprezíveis.
Ninguém nos dá nenhuma atenção,
Ninguém mostra consideração.

Tudo o que é feito parece em vão,
Grande é a angústia no coração.
Fizemos o nosso melhor em tudo,
E recebemos a apatia do mundo.

A dor cega nosso entendimento,
Esquecemos quem está nos vendo.
Esquecemos para quem estamos trabalhando,
Não é para um simples ser humano.

Estamos trabalhando para o Senhor,
Ele nos vê com imensurável valor.
Ainda que ninguém nos dê atenção,
Deus aplaude nossa dedicação.

Deus é testemunha de tudo o que fazemos,
Ele compreende nossos sentimentos.
O Pai nos dará forças para continuar,
E muito mais poderemos executar.

Devemos nos acalmar e descansar,
Sabemos quem devemos agradar.
Façamos o nosso melhor pelo Senhor,
Ele derramará sobre nós seu grande amor.

Descanso e pecado

"Hoje não, mas amanhã tudo farei,
Um pouco de descanso, logo trabalharei.
Não se preocupe, não precisa se apressar,
Amanhã ou depois, tudo vamos executar."

Estas frases carregam um grave pecado,
Criando brechas para fugir do trabalho.
Estes dizeres destilam a procrastinação,
Envenenam a mente com uma doce ilusão.

O corpo é assaltado pela morosidade,
Trabalhando em reduzida velocidade.
E a mente se alegra com a lentidão,
Crendo que isso é paz para o coração.

O procrastinador joga fora sua vida,
Desperdiçando cada um dos seus dias.
Negando as grandes dádivas que recebeu,
Rejeitando tudo o que Deus lhe concedeu.

Deus deu uma mente espetacular,
Infinitas imaginações ela pode criar.
O Senhor lhe entregou um corpo imponente,
O perfeito complemento para a mente.

O procrastinador desonra o seu Criador,
Despreza o esforço e plano do Senhor.
Esta pessoa vive sem reverência,
Agindo com total e absoluta negligência.

A mudança é necessária e inadiável,
A pessoa precisa ser responsável.
Fugindo da preguiça e procrastinação,
Abraçando o esforço e a dedicação.

Deus o perdoará e o recompensará,
As fontes de bênçãos, Ele abrirá.
A pessoa viverá o que nunca imaginou,
Tudo acontecerá porque trabalhou.

Grandes frutos serão concebidos,
Maravilhosos milagres serão colhidos.
A pobreza passará distante de sua casa,
Pois terá prosperidade e não faltará nada.

Acrósticos

Pessoa

Apta para ajudar na

Salvação de

Todos, e

Operar em seu

Resgate

Anunciar

Destemidamente

Os milagres

Recebidos, sendo

Alegre e

Radiante

Ouvir a voz de Deus

Revelar a Ele os nossos anseios e medos

Adorar ao Senhor com gratidão

Receber as suas bênçãos e promessas

Sobre o autor

Rafael Henrique dos Santos Lima

Graduado em Processos Gerenciais e M.B.A. em Gestão Estratégica de Projetos pelo Centro Universitário UNA. Cristão pela Graça de Deus. Apaixonado pela escrita (português, espanhol e inglês), poeta e romancista.

Contatos

rafael50001@hotmail.com

rafaelhsts@gmail.com

Blog: escritorrafaellima.blogspot.com

Agradecimento

Os sites abaixo contêm muitas informações úteis para a escrita deste livro.

Bing

Google Docs

Language Tool

Agradeço aos websites Playground AI e Bing AI, eles foram essenciais para a geração da capa do livro.

Agradecimento especial

Agradeço a Deus. Ele me deu a inteligência para escrever os poemas.

www.ingramcontent.com/pod-product-compliance
Lightning Source LLC
Chambersburg PA
CBHW062234150726
47991CB00006B/2569